Social Media Marketing a Respuesta Directa

En Cápsulas

los secretos del mítico Dan S. Kennedy

ÍNDICE

Introducción p. 5

Cap. 1 En busca de algo mejor p. 7

Cap. 2 Las redes sociales no son marketing p. 11

Cap. 3 Direct response cabeza a pies p. 17

Cap. 4 ¿No gira todo alrededor de ti? ¿O sí? p. 23

Cap. 5 ¿Cuál es tu nicho? p. 27

Cap. 6 Cómo crear un Lead Magnet p. 33

Cap. 7 Facebook Ads p. 35

Cap. 8 LinkedIn p. 37

Cap. 9 Email marketing p. 41

Cap. 10 Qué postear p. 43

Cap. 11 El gran secreto de las redes sociales p. 45

Cap. 12 Hacer el gran golpe p. 51

Cap. 13 Optimización e transformación p. 61

Cap. 14 Cómo aumentar la lista de clientes p. 65

Cap. 15 El problema de los trends p. 69

Cap. 16 Cómo multiplicar los contenidos p. 71

Notas p. 73

INTRODUCCIÓN

Por qué escribí un libro sobre redes sociales y por qué deberías leerlo

De Dan Kennedy

Todos hablan de ello, pero no saben de qué hablan.

No me gustan las redes sociales, es más, en ciertos aspectos las considero destructivas para la sociedad. Veo a las empresas desperdiciar dinero y tiempo solo para generar tráfico inútil, sin obtener resultados económicamente relevantes.

A pesar de ello, poseo acciones de una compañía de tabaco, así que no me niego a ganar dinero con cosas que considero un cáncer para la sociedad.

También conozco a personas inteligentes que usan las redes sociales para hacer lead generation y logran vender bastante bien.

Te advierto, si decides aventurarte en el mundo de las redes sociales, no hagas como los demás. El 99% de las empresas que usan las redes sociales está haciendo todo mal.

Tu mejor arma es concentrarte en las ganancias. Me

ha pasado estar sentado en una mesa mientras el gerente de una pequeña empresa proponía copiar la estrategia de Facebook de una gran multinacional (además en un sector diferente), sin que tuviera una sola prueba de las ganancias generadas por esta estrategia. Increíblemente, los demás lo tomaron en serio, deberían haberlo quemado vivo.

La coautora de este libro, Kim Walsh Phillips, es un ejemplo positivo de estrategia en redes sociales, tanto para su negocio como para los de sus clientes, a quienes conozco personalmente.

Por eso decidí escribir un libro con ella: usa los principios del direct response para traer resultados concretos en el mundo de las redes sociales.

Esto debería ser tu estándar.

No BS Takeaways

- Tu mejor defensa es mantenerte concentrado en las ganancias;

- Deja que las ganancias sean los verdaderos parámetros de medición de los resultados;

- El Social media marketing debe respetar las mismas reglas que las demás actividades de marketing.

CAPÍTULO 1

En busca de algo mejor

Cómo encontrar el beneficio

De Dan Kennedy

No puedes permitirte tragarte el cuento de las "nuevas métricas" que intentan venderte los promotores de las redes sociales y las grandes empresas desconectadas de la realidad.

Si quieres jugar a este juego, asegúrate de que te pague con dinero real. Todos estamos en el negocio de hacer dinero, no nos importan los likes, las visualizaciones, etc.

La verdad es que la mayoría de los que están en el negocio de hacer dinero fracasan.

Solo el 1% se vuelve rico y solo el 4% alcanza una independencia económica significativa con el emprendimiento. El otro 95% se encuentra frecuentemente en dificultades económicas.

La razón principal es que las personas prefieren el falso optimismo al pensamiento preciso; son débiles y se dejan influenciar por colegas, clientes, familiares en lugar de razonar sobre los beneficios de cada inversión.

Las redes sociales tienen también otro problema: sus propietarios odian el marketing a respuesta directa. No quieren que se mida el retorno de la inversión. Prefieren las big company que gastan alegremente en publicidad sin hacerse muchas preguntas sobre su eficacia (brand awareness).

Como si fuera poco, plataformas como Facebook continúan modificando sus políticas a base de baneos y restricciones, que obligan a las empresas a castrar sus mensajes publicitarios, reduciendo su eficacia.

Mis 2 instrucciones

En las redes sociales (y online en general) un error puede costarte muy caro, incluso si no termina en los periódicos nacionales, las malas noticias viajan rápido. Cuanto más presente estés, más te expones a este terrorismo social: reseñas negativas, ataques, quejas, etc.

Otro error a evitar es intentar no depender exclusivamente de las redes sociales, no importa cuántas cuentas poseas, todo se reduce a una sola fuente. Uno es el número más peligroso para un negocio, asegúrate de confiar también en otros sistemas de adquisición.

Mi cliente Chris Cardell usa Facebook de manera rentable, pero también usa emails, pay per click, correo postal, radio, TV y periódicos. Si Facebook decide eliminarlo, no tendrá ningún problema para continuar su actividad.

Por lo tanto, si más del 20% de tus clientes se adquiere a través de las redes sociales, estás seriamente en riesgo.

Exige siempre respuestas adecuadas. En una encuesta realizada por USA Today se reveló que:

- el 61% de las pequeñas empresas no puede demostrar ningún retorno de la inversión en las redes sociales.

- Sin embargo, el 50% de esas mismas afirma que quiere aumentar el tiempo y los recursos a dedicar a las redes sociales.

- Solo el 7% ha decidido reducir los costos.

El CEO de una agencia de social media marketing insiste en decir que ese 7% está equivocado porque "No es cierto que no tienen un retorno de la inversión, ¡simplemente no saben verlo o cuantificarlo!"

Si te gusta que te llamen idiota, ¡amarás a este tipo!

Recuerda, no estás en el negocio de la charla o la visibilidad, ¡estás en el negocio de vender cosas!

Del desespero al éxito

De Kim Walsh Phillips

Desde que me convertí en fan de Dan Kennedy tengo un cartel en mi oficina:

"Confiamos solo en Dios, todos los demás traigan datos".

Hace años tenía una agencia de marketing clásica basada en branding y relaciones públicas, no entendía nada de ventas.

Éramos buenos creando logos bonitos y gráficos atractivos, pero no ofrecíamos nada medible.

Me costaba enormemente adquirir clientes, para luego perderlos al renovar el contrato.

Entonces descubrí el libro de Dan Kennedy, "Marketing Directo para empresas tradicionales". Desde ese momento, todo cambió.

Desde ese momento decidí que nunca más haría nada que no me trajera resultados concretos. Tú deberías hacer lo mismo.

No BS Takeaways

- Responde a la pregunta: "¿Por qué el cliente potencial debería elegirte a ti en lugar de a la competencia?";
- Controla siempre los resultados de las redes sociales;
- Confiamos solo en Dios, los demás traigan datos;
- Si no me trae resultados, no lo hago.

CAPÍTULO 2

Las redes sociales no son marketing

Medios vs marketing

De Dan Kennedy

En 2012, Michael Phelps se convirtió en el atleta más condecorado de todos los tiempos. Sin embargo, unos años antes no le iba tan bien. Después de las Olimpiadas de 2008, empezó a volverse perezoso. Dejó de hacer las cosas que lo llevaron a ganar, como ir a la piscina todos los días. Hasta 2011, cuando fue derrotado por Ryan Lochte. En ese momento, Phelps volvió a lo básico para volver a ganar.

Esto es para hacerte entender lo importante que es no olvidar nunca las bases, incluso cuando las cosas a tu alrededor cambian. Esto también es válido para el marketing.

Internet no es tan especial como muchos piensan y la palabra "media" no coincide con marketing.

El principio fundamental de mi enfoque al marketing, sin importar el medio utilizado, es este:

Asegurémonos de hablar con las personas correctas, los clientes potenciales realmente interesados en nuestros productos o servicios. Haz todo lo posible para venderles a ellos y preocúpate menos del número de caracteres o de la longitud del video.

Todos piensan que su negocio es diferente, que estos principios no se pueden aplicar a su situación o que, como nadie hace una determinada cosa en su campo, entonces significa que no puede funcionar.

No importa si tu cliente es el CEO o el barrendero, no importa qué tipo de medio utilices, todos compran de la misma manera, a través del mismo proceso y el mismo recorrido emocional.

Las bases del marketing que funciona

Solo hay unas pocas y simples reglas a seguir, y sin embargo la mayoría de las empresas que usan las redes sociales no las respetan. Veámoslas juntas:

1. Debe haber siempre una oferta que no se pueda rechazar. Tu marketing en las redes sociales debe tener siempre una oferta que explique qué deben hacer y por qué deben hacerlo ahora mismo. Debe ser irresistible y tener los días contados.

2. Debe haber siempre una razón para responder de inmediato. Las personas tienden a posponer todo, el problema es que luego se olvidan. Tu objetivo es hacer que actúen de inmediato.

3. Debes dar instrucciones claras. Desde

pequeños nos enseñan a seguir instrucciones, aprovecha esto. Muchas personas no compran porque están confundidas y no saben qué sucederá después. Explica exactamente todos los pasos del proceso y pide que realicen acciones muy precisas para cerrar la venta.

4. Mide los datos. No aceptes datos inútiles (vanity metrics), solo datos concretos que midan el beneficio.

5. Haz siempre seguimiento. Cuando inviertes en publicidad, no pagas solo por aquellos que se convierten en clientes, sino también por todos los demás que leen, se registran, piden información, etc. Obtén los datos de todos y contáctalos nuevamente para maximizar tus resultados. Siempre.

6. Los resultados mandan. Si pago a alguien para que limpie mi coche, espero encontrarlo limpio y con buen olor. Si pago a alguien para promocionar mi negocio, espero más clientes y más beneficios. Fin.

Momentos de revelación

De Kim Walsh Phillips

Después de leer mi primer libro de Dan, entendí por qué lo que hacía hasta el día anterior no funcionaba.

Comprendí cuáles eran los aspectos a cambiar de inmediato:

1. Posicionamiento. Es tu lugar en el mercado.

Debes convertirte en el experto de tu sector de referencia, de lo contrario, siempre estarás luchando la guerra de los precios. Así que, me convertí en la máxima experta en el direct response en redes sociales.

2. Precios. Ser el más barato no es una estrategia que pueda durar. Poco a poco, empecé a aumentar los precios para los nuevos clientes, hasta que logré aumentarlos también a los clientes históricos. Algunos se fueron, mientras que otros se quedaron porque tenían un buen retorno de la inversión. Pasé de contratos mensuales de $350 a $3500 al mes cuando vendí la agencia.

3. Target. Mis clientes hasta ese momento estaban en un radio de 5 millas de mi oficina y muchos de ellos no podían permitirse pagarme lo que necesitaba para obtener resultados concretos. Tenía que expandirme para alcanzar a los mejores clientes a través de los medios.

4. Medios. Hasta entonces, me limitaba a hacer lead generation en persona, no en los medios. Necesitaba escalar rápidamente. Comencé en LinkedIn y luego llegué a Facebook, Twitter y Google+.

Obviamente, no tenía dinero para invertir en redes sociales y tenía poco tiempo. Comencé escribiendo un email semanal, publicándolo también en mi blog y promocionándolo en mis publicaciones en redes sociales. Traté de ser un poco controvertida y polémica para distinguirme en un mundo tan abarrotado. Me enfoqué en trabajar solo con aquellos que querían obtener resultados tangibles y medirlos. Aquellos que querían hacer "branding" ya no eran mi target.

Los resultados

Ahora la gente empezaba a venir a mí porque era la experta en redes sociales con alto ROI (retorno de la inversión). Usé las mismas estrategias en las empresas de mis clientes y también funcionó allí. Al momento de la renovación del contrato, en lugar de dejarlo, los clientes aumentaban el presupuesto.

Empecé a probar todas las estrategias de direct response en redes sociales, pasando de una lista de correos de 1,200 contactos a más de 21,000 en solo un año, utilizando principalmente Facebook para la lead generation.

El beneficio de la agencia en este período aumentó un 327%.

No BS Takeaways

- Las mismas reglas que llevan a resultados en cualquier otro medio se aplican en las redes sociales;

- Haz que el dinero invertido en tu marketing valga más, dando a las personas más razones para dirigirse a ti y más medios para hacerlo;

- Dile a tu prospecto exactamente qué hacer y por qué hacerlo ahora;
- Ve más allá de la tarea que hacen todos, haz un esfuerzo adicional y tendrás menos competencia;
- Trabaja mejor, no solo más.

CAPÍTULO 3

Direct response de la cabeza a los pies

Los 6 principios de direct response para aplicar en redes sociales

De Kim Walsh Phillips

1. Tener un plan para vender desde el principio

En las redes sociales, nadie quiere dar la impresión de ser un vendedor de autos usados, pero siempre debes dar a los prospectos una oportunidad para conectarse y hacer negocios contigo. Si no lo haces, solo perderás tiempo y dinero.

2. Tipos de ofertas

Lead generation. Un incentivo para que tus prospectos dejen sus datos; se hace ofreciendo algo por lo que pagarían, pero que tú das gratis.

Venta. Es posible vender directamente a una audiencia fría en las redes sociales, nosotros lo hacemos en Twitter, Facebook, LinkedIn e Instagram. La clave es ofrecer algo especial en comparación con la oferta habitual que haces para todos los demás fuera de línea o en otras plataformas.

3. No permitir posponer

Tus ofertas deben ser frescas, nuevas y con fechas límite claras. Siempre da una fecha límite y ofrece incentivos para actuar de inmediato.

4. Dar instrucciones claras

Ve al sitio web, completa el formulario, haz clic aquí para llamar, etc.

Cuanto más claro seas, mayores serán las conversiones.

5. Medir los datos

Usa las opciones de seguimiento dentro de las cuentas publicitarias de cada plataforma. No te preocupes tanto por los likes y seguidores, sino por las conversiones, CTR (Click Through Rate) y otras métricas útiles para entender la eficacia de tus contenidos.

6. Hacer branding es una consecuencia del direct response

Se dice que se debe hacer un 85% de contenidos útiles y solo un 15% de contenidos de venta, pero yo no lo veo así. Todos los contenidos deberían tener el propósito de vender, cultivando el interés y la necesidad de resolver el problema que tus productos o servicios abordan.

La importancia de crear tu Unique Selling Proposition (USP)

De Dan Kennedy

Según un estudio publicado en USA Today, los eslóganes creativos de las grandes empresas tienen un impacto mucho menor del que los publicitarios les atribuyen. Los consumidores, de hecho, casi nunca recuerdan el nombre de la marca asociada a un determinado eslogan. Solo en un caso, el 64% de los encuestados reconoció el eslogan de Walmart.

Así es como se justificaron algunos de los publicitarios implicados:

- "Se necesita tiempo para construir la brand identity. ¡Ese eslogan lo usamos 'SOLO' desde hace unos años!"

- "No lo reconocieron porque es solo un eslogan de transición, nos estamos moviendo hacia otra identidad de marca." (¡No sé qué demonios quiere decir eso!)

¿Es el eslogan una marca? ¿O una USP?

No, el eslogan no es una marca. El personal brand que enseño a mis alumnos incluye más que un eslogan y a menudo está más ligado a un mercado. Muchos de los eslóganes creados por las agencias son bonitos, pero no sirven para nada.

Un eslogan no es una USP, aunque puede ser congruente con la misma. El de Walmart es uno de los pocos que tiene sentido: "Siempre precios bajos" y coincide con su USP porque responde a la pregunta crucial: "¿Por qué debería comprarte a ti y no a tus competidores?".

Del mismo modo, es una afirmación demasiado genérica, así que presta mucha atención: si tu USP puede ser usada por cualquiera, no es una verdadera USP.

Lamentablemente, hay mucha estupidez en las agencias que se ocupan del branding y en las grandes multinacionales, ten cuidado de no agotar tu presupuesto con grandes inversiones en publicidad de imagen porque nunca se traducirán en beneficios.

Aquí tienes algunos de mis consejos sobre la identidad de marca:

1. Trabaja en un nombre y una identidad que tengan atractivo solo para tu cliente ideal y en tu mercado de referencia. No puedes dirigirte a todos;

2. La marca siempre debe ser una consecuencia del direct response y se crea paralelamente a las ventas, no en detrimento de ellas;

3. No confundas la "brand identity" con logo, eslogan, fuente y colores. Primero se necesitan las ideas correctas y luego se piensa en representarlas a nivel gráfico.

4. Junto con la identidad, crea una "cultura de pertenencia". Piensa en Starbucks o Disney: sus clientes forman parte de un mundo paralelo, no son simples compradores. Aprende de los más astutos, pero recuerda que tienes objetivos diferentes a los suyos. Ellos tienen recursos que tú no tienes.

5. Para los pequeños negocios, el personal branding es más importante porque las personas se sienten más atraídas a hacer negocios con otras personas.

6. En resumen: ¿QUIÉNES son tus clientes? ¿POR QUÉ quieres ser reconocido y por QUIÉN? ¿CÓMO puedes representar todo eso de manera memorable?

Si te interesa profundizar en el tema del branding, he escrito un libro titulado: "Construir una marca con marketing de respuesta directa".

La USP adecuada combinada con la oferta correcta, en el lugar y momento adecuados, es lo más importante para destacar en cualquier sector.

Para hacerlo, responde a estas preguntas:

- ¿Qué hay de único en mi producto?

- ¿Qué hay de único en la forma en que lo entrego/realizo?
- ¿Qué hay de único en mi servicio?
- ¿Qué normas puedo infringir o eludir?
- ¿Qué hay de único en mi personalidad?
- ¿Cuál es mi historia?
- ¿Quiénes son mis enemigos?
- ¿Cuáles son las características de mis mejores clientes?

No BS Takeaways

- Muchos marketers no aplican ninguna táctica de direct marketing;
- Es posible vender al tráfico frío en redes sociales;
- Aunque puedes automatizar las ofertas en redes sociales, nunca es una buena idea hacer que tus ofertas duren demasiado sin cambiarlas;
- ¿Cómo sabes el ROI de tus redes sociales si no mides los datos?
- Todos los contenidos que publicas en redes sociales deberían tener el propósito de vender, no de hacer branding.

CAPÍTULO 4

¿No gira todo alrededor de ti? ¿O sí?

La táctica de marketing más poderosa

De Dan Kennedy

Un antiguo secreto de los copywriters es entrar en el diálogo mental de tu prospecto. Una de las mejores formas de hacerlo es estar siempre actualizado sobre las tendencias y los intereses del momento.

Una manera científica de hacerlo es revisar las palabras clave más buscadas en Google, muy a menudo entre estas palabras encontrarás los nombres de las celebridades del momento.

Todos quieren saber todo sobre los VIP y, a menudo, inexplicablemente, confunden la celebridad con la credibilidad. ¡Una gran noticia para los marketers inteligentes!

Si haces negocios a nivel local, es muy fácil convertirte en una celebridad. Si lo haces a nivel nacional, pero en un pequeño nicho, aún es bastante fácil. Escribe libros y artículos, ve a hablar en eventos, mantente presente en redes sociales, hazte entrevistar en radio y TV. Publica todo en tu sitio web. Si eres famoso, las personas competirán por hacer negocios contigo para tener una relación privilegiada.

Cómo crear tu propia fama y por qué

De Kim Walsh Phillips

Ahora no es necesario aparecer en el New York Times para ser famoso. Puedes hacerlo simplemente con el posicionamiento de marca, convirtiéndote en la autoridad en tu sector. Esto te ayuda a atraer más prospectos en target, convencerlos en menos tiempo y ganar más dinero con cada cliente.

Conviértete en celebrity usando Facebook para aumentar las ventas

Crear un seguimiento y desarrollar una relación es lo más importante para tu negocio. La lista de clientes es la única garantía para el futuro de tu empresa, debes crear una lo antes posible.

Aquí están los pasos a seguir para convertirte en un VIP de tu sector:

1. Usa una foto de perfil que sea profesional y con la mejor versión de ti (cabello arreglado, maquillaje...). Un selfie no comunica

autoridad.

2. Lo mismo aplica para las fotos y gráficos que utilizas en las publicaciones. Si no eres capaz, usa un profesional, vale la pena.

3. Escribe contenidos "de experto". Dedica medio día al mes para crear contenidos para todo el mes. Elige un tema para el mes y escribe 4 artículos de blog para apoyar tu tesis. Primero elige tus objetivos de venta, luego elige un tema para el mes que apoye tus objetivos de venta, después elige 4 subtemas para profundizar y desarróllalos en sus respectivos artículos y boletines.

4. Difunde la palabra. Para cada artículo/boletín escribe una publicación dedicada en redes sociales y utilízalos como temas para una transmisión en vivo en redes.

5. Rodéate de personas válidas. No puedes hacer todo solo, encuentra a alguien que pueda ayudarte, hoy en día hay un freelance para cualquier cosa.

No BS Takeaways

- Usa las opciones de seguimiento proporcionadas por las redes sociales en la sección de insights;
- El eslogan no es una USP;
- Un mercado enorme es útil solo para quienes tienen un enorme portafolio;

- Siempre puedes actualizar tu producto/servicio, pero no puedes retroceder en el tiempo y construir una audiencia. ¡Hazlo lo antes posible!

CAPÍTULO 5
¿Cuál es tu nicho?

Marketing de nicho

De Dan Kennedy

James Perez-Foster, después de un desacuerdo con su jefe, dejó su trabajo en Bainbridge Advisors para centrarse en el mercado hispano. Vio una oportunidad de ganancia en ese sector y decidió dedicar toda su atención allí.

Fundó Solera National Bank, dedicada a servir a los hispanos de Colorado.

Según un estudio de ShareThis, los hispanos en EE.UU. son:

- 5 veces más propensos a compartir contenidos;
- 2 veces más propensos a hacer clic en contenidos compartidos;
- 2 veces más propensos a comprar el producto compartido;
- 4 veces más fieles a la marca.

El nicho del nicho

Si ya has elegido un nicho, puedes crear un nicho aún más pequeño especializándote gradualmente.

Para crear tu nicho único, responde a estas preguntas:

1. ¿Quién es la persona ideal que quisieras alcanzar? Conócelos y estudia sus comportamientos.
2. ¿Por qué es importante? ¿Por qué lo haces?
3. ¿Qué necesidades estás satisfaciendo? ¿Qué quiere el cliente de ti y qué problema resuelves?

Conviértete en un imán para tus clientes

De Kim Walsh Phillips

El único método sensato detrás de las campañas sociales exitosas es el que he llamado MOM:

- M de Imán (Magnet). Esto es lo que atraerá la atención de tu cliente;
- O de Opt-in. El tráfico social es impredecible, por eso debes transformarlo en información de contacto de tu propiedad, tu lista de clientes;
- M de Monetizar. Una vez que tienes la lista,

puedes comunicar y vender a tus prospectos tus productos o servicios.

Siempre hay alguien listo con dinero en mano

Aquí te explico cómo encontrar a estas personas:

- Observa las características de tus mejores clientes;
- Haz una lista de estos clientes y busca patrones o tendencias;
- Pregúntate con quién de ellos te irías de vacaciones o a una conferencia.

Estoy convencida de que si debes trabajar duro para construir un negocio, es mejor hacerlo con personas con las que te lleves bien. Si puedes ganar dinero con personas que te gustan, has encontrado tu nicho.

El avatar del cliente

Antes de empezar a comunicar, es esencial tener un avatar de cliente perfecto. El avatar incluye: edad, sexo, profesión, situación sentimental, orientación sexual, ubicación, nivel educativo, conocimientos tecnológicos y culturales, salario, hábitos, intereses, etc.

Yo, por ejemplo, targetizo a los emprendedores. Sé que mis mejores clientes están con nosotros desde hace 3 años y llegaron por referencias y recomendaciones. Otra característica es su voluntad de actuar, la rapidez de ejecución y su propensión a viajar mucho en avión.

Cuantas más cosas sepas, mejor:

- ¿Usan smartphone o PC?
- ¿Qué redes sociales utilizan?
- ¿Son propietarios de vivienda?
- ¿Compran online?
- Etc.

Dale a las personas lo que quieren

¿Cómo saber qué quieren? Simple, ve a la ad library de Facebook (www.facebook.com/ads/library) y escribe el nombre de una empresa, allí encontrarás todas sus campañas pasadas y presentes.

Investiga al menos 10 competidores en tu nicho y revisa sus publicidades, landing pages, ofertas y lead magnets. Luego compra algunas y sigue estudiando e investigando su embudo de ventas.

No tienen que ser necesariamente competidores directos, basta con que sirvan a tu mismo mercado.

Haz encuestas a tus mejores clientes

A veces bastan preguntas simples, como:

- ¿Cuál es tu mayor duda sobre el tema XYZ?
- Si pudieras cambiar una cosa de tu sector,

¿cuál sería?

- Si tuvieras una varita mágica, ¿qué frustración harías desaparecer?

Las respuestas a estas preguntas pueden proporcionarte resultados valiosos:

- Datos sobre hábitos, aficiones y necesidades de tu target;
- Informes para usar como publicidad mostrando que eres un experto en el sector al compartir lo que has descubierto;
- Ideas súper efectivas para titulares y copy en general porque interceptan el diálogo mental del cliente.

Encuentra una manera de incentivar a tus clientes a responder. Nosotros recientemente ofrecimos este incentivo: un video training valorado en 997$. Aunque a mí no me costó nada, para el cliente tenía mucho valor y funcionó. La percepción del valor es lo que cuenta.

No BS Takeaways

- Define tu nicho: ¿quién es tu cliente ideal y por qué lo que vendes es importante para él?
- Es mejor tener 500 fanáticos fervientes que 10,000 seguidores tibios;
- Revisa los insights de audiencia de Facebook para descubrir cómo está compuesto tu

público;
- No adivines en marketing, especialmente cuando ya tienes respuestas listas.

CAPÍTULO 6

Cómo crear un Lead Magnet

De Kim Walsh Phillips

Supongamos que quiero ofrecer una guía sobre cómo usar Facebook: obviamente no podría incluir todos los pasos posibles e imaginables para crear una campaña, por dos razones:

1. No habría motivo para que los clientes compren mis servicios de pago;
2. Estarían abrumados con información y no sabrían qué hacer con ella.

La guía debería enfocarse en un aspecto muy preciso y parcial, de manera que ofrezca información valiosa, pero que se pueda consumir sin demasiada dificultad.

Muchos creen que es correcto decirlo todo, pero en realidad, si lo haces, creas un desservicio porque no estarán motivados a seguir adelante. La razón es simple: las personas quieren respuestas simples porque generan dopamina, lo que nos hace sentir bien y nos motiva a continuar. Es una verdadera recompensa.

Debes crear un recorrido en pasos que motive al

cliente a querer saber cada vez más.

El propósito del lead magnet es, por lo tanto, invitar a saber más, transformando a un prospecto frío en "cliente" a través de una "transacción", incluso si es gratuita, ofreciendo algo por lo que habrían estado dispuestos a pagar.

Una vez que has elegido tu lead magnet, coloca el enlace en cada uno de tus perfiles sociales. De esta manera, todos tendrán claro cuál es el siguiente paso a seguir.

No BS Takeaways

- No te limites a pedir la dirección de correo electrónico. Ofrece algo de valor a cambio;

- Tu trabajo es impulsar al prospecto a la acción;

- A la gente le encanta la gratificación instantánea;

- Haz que tu marketing sea divertido y atractivo, así motivarás a las personas a participar;

- Asegúrate de que tu copy y tus imágenes hablen a una audiencia específica. No seas demasiado genérico.

CAPÍTULO 7

Facebook Ads

Me gusta probar al menos 2 copys diferentes: uno corto y uno largo. Este es el template que uso cada vez:

1. Haz una pregunta a tu mercado, tipo: "¿Quieres descubrir una nueva forma de conseguir clientes rápidamente para tu negocio de consultoría?"
2. Ofrece una solución: "¡Sigue mi curso gratuito y aprende el sistema Más Clientes Ahora!"
3. Call to action: "Haz clic aquí para registrarte"

Luego probamos una versión larga que cuenta una historia:

1. Comienza con una situación difícil en la que te encontraste (dificultad para conseguir clientes);
2. Comparte las esperanzas que tenías en ese momento y que coinciden con los pain points del cliente (necesitaba un sistema automático para conseguir clientes);
3. El momento en que todo cambió, la solución

(el sistema que encontraste);

4. Comparte los resultados obtenidos con ese sistema;

5. Call to action (inscríbete en mi curso donde te enseño cómo hacerlo).

No BS Takeaways

- Las campañas para obtener interacciones pueden tener sentido si se utilizan para atraer leads calificados;

- Prueba siempre al menos 2 copys diferentes, uno largo y otro corto;

- Prueba diferentes imágenes en tus publicaciones para ver cuáles funcionan mejor (personales, fotos de stock, gráficos). Si puedes, añade un poco de rojo, es útil para captar la atención;

- Calienta a la audiencia y construye una relación antes de pedirles que realicen una acción.

CAPÍTULO 8

LinkedIn

Soy Josh Turner y hoy quiero contarte por qué cualquier negocio puede fallar de un día para otro si no tiene una fuente confiable de nuevos clientes. Incluso aquellos con ingresos anuales que van de 8 a 9 cifras.

Cuando tenía 21 años, mi padre tenía su propia empresa de construcción especializada en remodelaciones. Le iba bien, él siempre estaba trabajando y en pocos años pasamos de 5 a 23 millones en ingresos.

Cuando los tiempos eran buenos, trabajábamos mucho, pero nuestros vendedores estaban ocupados solo gestionando a los clientes actuales o pidiendo referencias. No teníamos ningún sistema para adquirir nuevos clientes y la verdad salió a la luz en 2008, cuando el mercado se volvió más competitivo y no sabíamos a quién llamar.

Nuestros clientes nos adoraban y el servicio era excelente, pero no fue suficiente, tuvimos que cerrar al año siguiente.

Esto es para decirte que nunca debes descuidar la

adquisición de nuevos prospectos. Grábate bien en la mente esta frase:

más citas = más ventas

Entonces, ahora veamos cómo aumentar tus citas vía social, en particular LinkedIn.

Lo ideal sería solicitar la conexión con las personas con las que quisieras hacer negocios, pero sin intentar venderles algo de inmediato. Primero, trata de crear un vínculo conociéndolos mejor y dejando que te conozcan mejor, publicando contenido que te posicione como una autoridad en el sector. Aquí te explico cómo hacerlo:

1. Actualiza siempre tu información y publica constantemente. Las personas se acordarán más fácilmente de ti cuando lo necesiten.

2. De vez en cuando, envía mensajes privados con información útil, casos de estudio, informes, etc.

3. Ahora que te conocen y confían en ti, intenta proponer una llamada telefónica. Si has hecho bien tu trabajo, deberías tener una tasa de respuesta del 20-30%. En este punto, puedes incluirlos en tu funnel de seguimiento.

No BS Takeaways

- Actualiza tu perfil con la información necesaria para atraer a tus clientes ideales;

- Si tienes conexiones o conocidos en común

con tu prospecto, menciónalo, te facilitará la vida;

- La verdad es que todos los negocios tienen dificultades. Amazon, Apple y Facebook no llegaron a la cima sin superar su dosis de adversidades;

- Necesitas un proceso que genere un flujo constante de nuevos clientes, no puedes basarte solo en las referencias y el boca a boca.

CAPÍTULO 9

Email marketing

Escribir emails efectivos

De Kim Walsh Phillips

Hay dos tipos de personas en tu bandeja de entrada: los molestos y los que siempre tienen algo interesante que decir. ¿En qué categoría se encuentran tus emails?

Llevo años comunicándome regularmente con mi lista de correo electrónico; mis clientes saben que siempre tengo algo valioso que compartir y me gusta hacerlo.

Estoy convencida de que deberías enviar un email al día, solo así puedes desarrollar una relación duradera. Sé que parece mucho, pero una vez que te acostumbras, será normal transformar en emails todo lo que te sucede durante el día.

Aquí está el formato que me gusta seguir para mis emails:

1. Asunto del email que genere curiosidad;
2. Saludo personalizado con el nombre;

3. Cuento algo que me ha pasado;
4. Lo relaciono con una lección de negocios;
5. Creo una conexión con un programa/evento/servicio que ofrezco o que ofreceré pronto;
6. P.S. Con una llamada a la acción hacia uno de mis servicios o productos.

No BS Takeaways

- No uses el asunto del email para promocionarte, haz que el prospecto quiera abrirlo para leer más. Debe entretener y despertar curiosidad;

- Incluye una clara llamada a la acción en tus emails. Las personas están demasiado ocupadas para tratar de entender lo que quieres;

- Escribe cada email como si fuera una comunicación personal y enfócate en el lector;

- No des nada por sentado, prueba todo en pequeñas cantidades antes de un gran lanzamiento.

CAPÍTULO 10

Qué postear

De Kim Walsh Phillips

Antes que nada, observa lo que funciona en tu nicho. Mientras tanto, aquí tienes algunas indicaciones basadas en lo que he experimentado personalmente:

- Nunca uses fotos de stock que parezcan fotos de stock;
- Usa fotos reales de ti y/o de tus colaboradores;
- Usa fotos de tu escritorio (el clásico café y computadora);
- Haz preguntas al público;
- Usa frases con palabras para completar en los comentarios;
- Publica una foto divertida o inusual pidiendo a las personas que escriban su propio pie de foto en los comentarios (acompañado de concursos para premiar a los mejores);
- Haz quizzes;

Cualquiera que sea tu elección de contenido, prepara

tus publicaciones con anticipación y programa una para que salga cada día. Cuanto más constante seas, mejor será para tu negocio, tu audiencia y tus ventas.

No BS Takeaways

- Cuantos más comentarios, likes y compartidos obtengas, más se mostrará tu post a otros;
- Debes publicar en función de lo que funciona, no según la inspiración;
- Crea siempre tus publicaciones con anticipación.

CAPÍTULO 11

¿El gran secreto de las redes sociales está fuera de línea?

El costo del seguimiento perdido

De Dan Kennedy

Hoy en día, oímos hablar de la muerte de un nuevo medio casi todos los días, en particular, quiero hablarte de la supuesta "muerte del papel". Me gustaría desmentir este mito con ejemplos reales.

Hay un marketer que logra ganar entre 8 y 11 dólares por cada 3 dólares invertidos solo con periódicos.

Pero hablemos también de los boletines impresos: mi negocio se construyó así y continúa siendo alimentado por los clientes que leen el boletín, que a menudo son mis mejores clientes.

También está el caso de Annette Fisher, fundadora de un refugio para animales (Happy Trails Farm Animal Sanctuary), con quien creamos un boletín impreso que está funcionando muy bien.

Luego está Shaun Buck, que está teniendo mucho éxito con sus boletines para dentistas y odontólogos (NewsletterPro.com).

Entonces, aunque ahora es fácil comunicarse "gratis" en línea, ¿por qué todas estas personas siguen imprimiendo papel?

Porque el papel ofrece efectos positivos que en línea no se pueden replicar.

En primer lugar, los clientes aprecian que estés gastando dinero para comunicarte con ellos proporcionando información y entretenimiento, lo que desencadena reciprocidad (principio que encuentras en el libro de Robert Cialdini).

Además, los clientes dan más valor y autoridad al papel impreso y prefieren leer en papel que en línea.

Finalmente, el papel impreso tiene una vida mucho más larga. Muy a menudo me llegan clientes gracias a boletines antiguos de meses. ¿Cuántas personas leen artículos de blog o publicaciones en redes sociales antiguas? Te lo digo yo, nadie.

Obviamente, nada de esto funciona si eres aburrido. Veamos juntos cuáles son las características de un buen boletín.

- Historias de interés humano. Habla de lo que te sucede a ti y a tus clientes, noticias y personajes famosos que de alguna manera están relacionados con tus productos o servicios;

- Información nueva, inusual y fascinante. De esta manera se genera boca a boca. Aquí hay algunos ejemplos excelentes de temas tratados por un amigo mío: "Comidas que nunca debes comer en un avión" y "Lo que las compañías farmacéuticas no quieren que sepas sobre el cáncer";

- Opiniones. Si quieres tener una relación personal con tus clientes, debes compartir tus ideas, tu visión y tu filosofía de trabajo y de vida. Solo así podrás atraer a las personas que piensan como tú;

- Consejos útiles. Cómo aliviar un fuerte dolor de cabeza (médico), cómo quitar las manchas causadas por mascotas de las alfombras (tienda de mascotas o lavandería especializada), etc.

También deberías incluir promociones limitadas y directas, introducción de nuevos servicios o productos, generación de leads con ofertas específicas, etc.

Luego, por supuesto, puedes usar las redes sociales y el sitio web para crear expectativa y promover tu boletín impreso, quizás también con concursos.

Si estos ejemplos no son suficientes para convencerte, lee estos datos y entenderás por qué tener un boletín impreso (o cualquier forma de seguimiento) es aún más importante:

- Solo el 18% de los prospectos está listo para comprar de inmediato;

- El 82% de los prospectos tarda más de 3 meses en decidirse a comprar;

- El 61% tarda más de un año en decidirse a comprar;
- Solo el 44% de los vendedores hace seguimiento después de una reunión.

El objetivo de la primera venta debería ser siempre crear una relación a largo plazo y transformar a los nuevos clientes en clientes recurrentes y leales. Por eso deberías usar todos los medios disponibles para crear una relación, porque a los clientes les encanta trabajar con personas que conocen y respetan.

Otro poco de datos:

- Aumentar la retención de clientes en un 5% puede aumentar las ganancias del 25% al 125%;
- La probabilidad de vender a un cliente ya existente es del 60% al 70%, mientras que para un nuevo cliente es del 5% al 20%;
- Las empresas que dan prioridad a la experiencia del cliente obtienen un 60% más de ganancias que los competidores.

No BS Takeaways

- Los clientes que leen el boletín impreso son más leales y gastan más;
- Un buen boletín construye una relación, especialmente si dejas que tu personalidad brille;

- La principal razón por la que los leads no se convierten en clientes es la falta de seguimiento;
- El objetivo de la primera venta es crear un cliente recurrente;
- Las comunicaciones que envías no deben hablar de lo que te interesa a ti (información técnica sobre productos y servicios), sino de lo que interesa a tus clientes (historias, noticias...).

CAPÍTULO 12

Hacer el gran golpe

Llamadas a la acción que funcionan

De Dan Kennedy

A menudo, las empresas que luchan por crecer tienen un buen producto, una buena ubicación y una buena política de precios y márgenes. Su mayor defecto está en la venta, un arte que se ha perdido y que la mayoría de las personas desdeñan. Muchos prefieren enviar un correo electrónico en lugar de tener una conversación cara a cara o quieren sustituir a los vendedores con pantallas porque han oído que los clientes las prefieren. Los clientes no siempre tienen razón... ¿por qué deberías eliminar un enfoque que funciona mejor que cualquier otro para aumentar las ventas?

No puedes permitirte que las personas entren en tu tienda solo para mirar y luego se vayan sin haber tenido contacto con un vendedor o sin haber recibido una carta de ventas o, al menos, sin haber tomado sus datos para hacer un seguimiento.

Por lo tanto, piensa bien quién es tu cliente ideal, dónde puedes encontrarlo y qué quiere realmente que solo tú puedes darle. Luego, trata de entender cuál es el precio justo que puede pagar. Solo así puedes construir un buen sistema de generación de leads.

Tu lead magnet debería expresar claramente lo que te hace diferente y fortalecer la llamada a la acción (que siempre debe estar presente en el lead magnet). Esto convencerá al prospecto de que el beneficio que desea solo puede obtenerlo a través de tu producto o servicio.

Vender en las redes sociales

De Kim Walsh Phillips

Muchas empresas en las redes sociales se quedan atrapadas en los likes y las interacciones porque es agradable sentir esta conexión y apoyo. Lástima que las interacciones no pagan las facturas.

Por eso es crucial decidir el proceso de venta antes de empezar a publicar contenido, de lo contrario, corremos el riesgo de crear contenido solo para obtener likes.

Te daré un ejemplo de alguien que ha entendido cómo hacerlo. El restaurante asiático PF Chang's creó una promoción para su aniversario. Todos los seguidores de Facebook recibieron un cupón para un wrap gratis con la compra de cualquier aperitivo. Además de aumentar el número de seguidores, el verdadero éxito fue atraer a 50,000 personas al restaurante gracias al cupón, de las cuales el 40%

eran nuevos clientes.

Los diferentes modos de convertir un lead en cliente

- Secuencia de emails de seguimiento con llamada a la acción. Sirven para responder a dudas y objeciones y para establecer una relación.

- Evento de seguimiento. Si después de ver tu curso gratuito las personas no compran, organiza un webinar o un evento en vivo donde invites a las personas que vieron el video sin comprar.

- Campañas en papel. Aunque un cliente te haya descubierto en línea, eso no significa que la conversación deba permanecer en los medios en línea.

- Retargeting. Crea mensajes publicitarios específicos para quienes te siguen pero aún no han comprado.

- Llamada de seguimiento. Con mucho, el medio más eficaz.

Tu objetivo debería ser gastar lo máximo posible para adquirir clientes de calidad y tratar de mantenerlos durante muchos meses o años. Quien pueda gastar más para adquirir clientes, gana.

Monetizar el mensaje

De Kim Walsh Phillips

Ahora veremos estrategias que funcionan incluso si tienes una lista de clientes pequeña y poco presupuesto, para:

- Aumentar los suscriptores a la lista;
- Monetizar la audiencia;
- Escalar el éxito con acciones repetibles.

Las oportunidades que veremos son muchas, pero no te asustes, no tienes que hacerlas todas, solo elige un par.

Ahora quiero que escribas en un papel cuánto dinero adicional quieres obtener al mes. En consecuencia, elige las estrategias que te parezcan más adecuadas para alcanzarlo. Aquí tienes las formas de monetizar:

1. **Amazon Influencer Program.** Si ya tienes una lista de al menos 1000 clientes. Es diferente del programa clásico de afiliación porque te permiten crear una tienda donde enviar a tus clientes y periódicamente crean promociones dedicadas. Puedes ganar desde $100 hasta $1000 al mes;

2. **Tu blog.** Todos deberían tener uno porque es tu medio propio, del cual nadie te puede echar. Puedes monetizar con publicidad, enlaces de afiliados, artículos patrocinados. Desde $100 hasta $50,000 al mes;

3. **Podcast.** Cuesta muy poco de realizar y

permite a las personas escuchar la información mientras hacen otras cosas. Puedes monetizarlo con publicidad y patrocinadores. Yo gano $3000 al mes con mi podcast;

4. **Boletín de pago o revista.** Además del pago de la cuota mensual, puedes ganar con la publicidad o patrocinar tus servicios/productos. Desde $100 hasta $1000;

5. **Crea un producto.** Una vez que conoces a tu audiencia, no debería ser difícil encontrar un producto o servicio que necesiten. Y no necesariamente tienes que producirlo o entregarlo tú, ahora existen el print on demand, dropshippers, etc. Puedes ganar desde $500 hasta $10,000;

6. **Aprovecha la audiencia de otros.** Tony Robbins escribió "Money: Master the Game", que se convirtió en un bestseller gracias a que se limitó a entrevistar a influencers. Cada uno de estos, obviamente, promocionó el libro a su propia audiencia. Puedes ganar desde $500 hasta $2000;

7. **Eventos en vivo o en línea.** Basta con grabar el evento y venderlo como contenido. Desde $1000 hasta $20,000;

8. **Pregunta a los expertos.** Puedes crear entrevistas sobre temas específicos con expertos del sector y venderlas como cursos o bonos. Desde $1000 hasta $10,000;

9. **Promociona productos o servicios de**

otros en Instagram. Si tienes un gran seguimiento, puedes cobrar por las publicaciones patrocinadas. Desde $50 hasta $500 por publicación;

10. **Facebook Live** sobre un producto con enlace de afiliado;

11. **Publicidad en YouTube.** Desde $1000 hasta $5000 al mes;

12. **Organiza un evento boutique exclusivo.** Invita a 5-10 personas en un ambiente íntimo, es una excelente manera de comenzar con los eventos. Nosotros cobramos desde $2500 hasta $5000 por persona;

13. **Mastermind**. Crea un grupo de personas que se reúnen periódicamente, ya sea virtualmente o en persona, para aprender y mejorar. Desde $10,000 hasta $100,000;

14. **Eventos a gran escala.** Pueden ser muy rentables, pero evítalos si no tienes una gran audiencia porque son muy costosos de organizar;

15. **Días de coaching VIP**. Con estos días one-to-one prometes obtener un resultado específico al final del día. Desde $2500 hasta $18,000 por día;

16. **Talleres en línea.** Una serie de citas en línea para lograr un objetivo específico, más interactivo que un webinar porque se trabaja juntos;

17. **Kindle.** Básicamente te pagan por generar

leads porque en los libros Kindle puedes incluir enlaces clicables a productos/servicios. Desde $10 hasta $500 al día;

18. **Acuerdos para publicar libros.** Si tienes buenos números con las ventas de Kindle, puedes negociar con editoriales y obtener un pago por adelantado;

19. **Afiliaciones**. Nuestros clientes están contentos cuando les proponemos productos/servicios de afiliados porque saben que, si los hemos aprobado, deben ser una buena oferta. Puedes ganar desde $2000 hasta $50,000 al mes;

20. **Vende tus secretos.** Haz una recopilación de tus materiales más exitosos (cartas de ventas, emails, etc.) y véndelos. Desde $3000 hasta $30,000;

21. **Crea un bono de regalo.** Primero da a las personas lo que quieren y solo después das lo que realmente necesitan. El sitio makeuptutorials.com comienza con un pincel de regalo, luego te da la posibilidad de agregar otros pinceles gratis si te suscribes a su suscripción de empoderamiento femenino (RAW) por $19.95 al mes;

22. **Crea un curso**;

23. **Haz un webinar.**

Del embudo hasta las entradas a pedido

De Dan Kennedy

Una cosa es atraer personas en línea con tus mismos intereses, otra es hacer que compren. Si tienes un seguimiento de 100,000 personas en las redes sociales que aman tu contenido gratuito, no es seguro que compren. La mejor estrategia para evitar sorpresas desagradables es crear un recorrido que separe a los verdaderos clientes de todos los demás. Aquí te explico cómo hacerlo:

- No dejes que todos permanezcan juntos, libres de vagar;

- No malacostumbres a los seguidores a tener mucho contenido largo y gratuito sin pedirles una acción específica;

- Segmenta tu lista según intereses;

- Abre las puertas a quienes estén listos para comprar;

- Estructura recorridos/embudos que los lleven a una decisión de compra;

- No te preocupes por las críticas de quienes no quieren comprar, enfócate solo en la opinión de los clientes.

No BS Takeaways

- El error más común entre los emprendedores

es no cerrar la venta;

- Tratar de atraer a todos los que podrían estar interesados en tu servicio es una pérdida de tiempo;
- No te fíes de la esperanza y el networking para obtener clientes;
- Los likes no pagan las facturas;
- A veces, al principio es mejor no intentar vender lo que tú quieres, sino algo totalmente diferente;
- Un prospecto no vale nada sin conversión;
- Quien pueda gastar más para adquirir al cliente, gana.

CAPÍTULO 13

La optimización crea transformación

De Kim Walsh Phillips

La importancia de los tests

La única forma de evitar gastar dinero sin sentido es probar qué es lo que funciona. Una cosa que he aprendido es que, a menudo, lo que piensas que funcionará, no lo hace. Probar anuncios en las redes sociales es realmente fácil porque basta con fijar un período de tiempo y ver cuál está funcionando mejor.

Mi lema es prueba en pequeño y luego lanza en grande.

Veamos las mejores prácticas en la fase de prueba:

- Rastrea las conversiones, no los clics;
- Prueba una cosa a la vez (título, imagen…) para evitar falsificar el resultado;
- Comienza probando la audiencia y elige la mejor;
- Después de encontrar la imagen que mejor funcione, prueba cambiar el color del fondo y

ve si mejora o empeora;

- Luego prueba diferentes frases dentro de la imagen (haz clic aquí vs. descarga ahora…);
- Prueba con botón y sin botón y ve qué funciona mejor.

Cuando hayas optimizado todo, pasa a la página de destino. Aquí tienes una checklist de todas las cosas que debes probar:

- Imágenes;
- Titulares;
- Texto;
- Audiencia;
- Formulario de Opt-in;
- Texto debajo de la foto;
- Días y horarios;
- Presupuesto diario;
- Posicionamiento del anuncio.

No BS Takeaways

- En las redes sociales, en un par de días puedes saber qué campaña funcionará mejor;
- Si te basas solo en tus suposiciones, 9 de cada 10 veces te equivocarás;
- Probar es la única forma de no desperdiciar

dinero;

- Rastrea las conversiones, no los clics;
- No te quedes estancado, el status quo nunca genera resultados excepcionales.

CAPÍTULO 14

Cómo aumentar la lista de clientes

De Kim Walsh Phillips

Ahora quiero mostrarte 5 formas de hacer crecer tu lista sin gastar un centavo en publicidad:

1. Crea un lead magnet junto con otros expertos de tu sector y agrupa allí todos los consejos;

2. Coloca el enlace a tu lead magnet en todas partes (perfiles sociales, publicaciones, videos...);

3. Lanza un quiz en las redes sociales. Pregunta "si tuvieras una varita mágica, ¿qué cambiarías de (problema/sector)?";

4. Sé invitado en otros blogs, podcasts, lives, etc. y promueve tu lead magnet;

5. Haz un live a la semana, elige un día y una hora y sé constante.

Cómo crear expectación para un lanzamiento en 3 días

Esta es la estrategia que usamos para lanzar mi podcast con gran éxito. Así es como lo hicimos:

1. Anuncio. Programamos un live en Facebook diciendo que anunciaríamos una gran novedad;

2. Social. Publicamos varios posts con el enlace para registrarse en el live;

3. Pre-promoción. Pedimos a amigos y familiares que descargaran el episodio y dejaran una reseña para crear prueba social antes del lanzamiento;

4. Día del lanzamiento. Enviamos un correo electrónico a la lista y publicamos posts para recordarles que participaran en el live;

5. ¡Estamos en vivo! Notificación por correo en el momento en que empieza el live;

6. Charla. Toma unos minutos para esperar a que todos vean las notificaciones del live, entreteniéndolos con algunas preguntas a los seguidores. También habíamos creado un concurso de premios para quienes se registraran y dejaran una reseña;

7. Anuncio post-evento. Correo electrónico, mensajes en el chat y posts con el enlace a la grabación para quienes se hubieran perdido la transmisión en directo.

No BS Takeaways

- Usa cada oportunidad para obtener leads (foto de portada, biografía, firma de correo, publicaciones, artículos, etc.);

- Facebook Live es aliado de tu ROI, pero debes ser constante;

- Antes de cada lanzamiento, pide a amigos y familiares que proporcionen prueba social;

- Concentra tu promoción en un tiempo limitado para potenciar los resultados.

CAPÍTULO 15

El problema de los trends

De Dan Kennedy

Subirse al carro del último trend puede ser muy peligroso. Es lo que le pasó a la pizzería DiGiorno cuando publicó un post divertido utilizando un hashtag en tendencia para sensibilizar sobre la violencia doméstica. Se defendieron diciendo que no sabían el significado del hashtag... no sé si es cierto o no, pero siempre ten mucho cuidado con lo que publicas.

Las redes sociales son una excelente herramienta si se utilizan en paralelo con otros canales y estrategias; deberían ser un complemento, no tu único modo de adquirir clientes. De lo contrario, si Facebook te elimina por algún motivo, ¡lo pierdes todo!

Nunca cometas el error de copiar la publicidad o la estrategia social de otra empresa solo porque te parece genial.

Conoce a tus clientes, descubre sus necesidades y deseos, y satisfácelos.

CAPÍTULO 16

Cómo multiplicar los contenidos

De Kim Walsh Phillips

En este capítulo quiero compartir contigo la fórmula que uso para multiplicar mis contenidos.

Día 1

- Escribe un artículo en tu sitio web.

Día 2

- Envía un correo a la lista con el enlace al artículo;
- Publica una historia con el enlace.

Día 3

- Publica el enlace en un post de Facebook;
- Haz un live sobre el mismo tema del artículo;
- Haz un post en Instagram sobre el mismo

tema del artículo.

Día 4

- Publica en LinkedIn con el enlace al artículo;
- Tuitea el enlace;
- Publica una historia en Instagram mencionando los comentarios recibidos.

Notas

Esta síntesis de "Direct Response Social Media Marketing" ha sido cuidadosamente elaborada para difundir los principios del pensamiento de Kennedy en espanol. Forma parte de la famosísima serie de libros "No B.S." (que se podría traducir como "Sin tonterías") creada por Dan Kennedy.

Dan Kennedy es uno de los más influyentes e importantes figuras del marketing de respuesta directa y, lamentablemente, sus libros solo están disponibles en inglés. Aunque esta es una versión extremadamente resumida y carece de las imágenes originales, estamos convencidos de que puede servir como un trampolín para aquellos que no dominan bien el inglés, pero que desean profundizar y aplicar su pensamiento. El propósito de esta síntesis es puramente divulgativo y no reemplaza en modo alguno al libro original de Dan Kennedy.

El equipo de Ediciones Esencia

www.ingramcontent.com/pod-product-compliance
Lightning Source LLC
Chambersburg PA
CBHW071954210526
45479CB00003B/939